어느 나그네쥐 이야기

어느 나그네쥐 이야기
The Lemming Dilemma

데이비드 허친스 글 · 바비 곰버트 그림 | 박영욱 해설

바다어린이

Original publication information **The Lemming Dilemma** :
Living with Purpose, Leading with Vision by David Hutchens; illustrated by Bobby Gombert
Copyright ⓒ 2000 by David Hutchens
Illustrations ⓒ Pegasus Communications, Inc.
Korean translation copyright ⓒ 2007 by BADA Publishing Co.
This Korean edition is published by arrangement with Pegasus Communications, Inc.
All rights reserved. No part of this book may be reproduced or transmitted in any form or by any means, electronic or mechanical, including photocopying and recording, or by any information storage or retrieval system, without written permission from the publisher.

이 책의 한국어판 저작권은 Pegasus Communications, Inc.와의 독점 계약으로 바다출판사에 있습니다.
저작권법에 의해 한국 내에서 보호를 받는 저작물이므로 무단 전재와 무단 복제를 금합니다.

차례

1. 점프하는 나그네쥐 7
2. 에미가 고민에 빠졌어요 17
3. 점프에 반대하는 나그네쥐들 29
4. 계곡 저편의 나무 한 그루 41
5. 나그네쥐 점프 대축제 57
6. 이야기를 끝내며 83

〈어느 나그네쥐 이야기〉 철학적으로 읽기 90

나그네쥐 : 쥐목 쥣과에 속하는 포유류로, 일명 '레밍(lemming)'이라고도 해요. 주로 스칸디나비아 반도 북부의 툰드라 지역에 서식하는데, 무리가 일정 수 이상 불어나면 집단을 이루어 일직선으로 이동하여 호수나 바다에 빠져 죽는 습성이 있어요. 이 작품은 나그네쥐의 이러한 습성에서 아이디어를 얻은 창작 우화예요.

1

점프하는 나그네쥐

나그네쥐들이에요.
레밍이라고도 하지요.

높은 절벽이에요.

(만일 여러분이 이 절벽 아래에 무엇이 있는지 안다면, 그리고 비위가 약하다면,

아마 다음 페이지를 그냥 건너뛰고 싶을 거예요.)

아, 무서워!

그렇습니다. 나그네쥐들은 절벽에서 뛰어내려요.

왜 나그네쥐들은 절벽에서 뛰어내리는 걸까요?
그 이유는 아무도 정확히 몰라요. 몇몇 할 일 없는 과학자들은 이 문제를 놓고 수십 년 동안 씨름하고 있어요.

이러한 행동은 본능적인 것일 수도 있고, 그들 사이의 문화적인 것일 수도 있어요. 이유야 어쨌든 지금도 전 세계 수천 마리의 나그네쥐들은 절벽 끝으로 가서 거대한 미지의 세계를 향해 뛰어내리기를 계속하고 있어요.

나그네쥐들 사이에서 이런 행동은 지극히 정상적인 것이에요.

나그네쥐들은 매년 '나그네쥐 점프 대축제'를 열어요.
과학자들도 목격하기가 쉽지 않은 이 축제는 많은 나그네쥐들이 손꼽아 기다리는 행사예요.
무도회, 바비큐 파티, 연예인 흉내 내기 등 다양한 행사가 진행되다가,
기다리고 기다리던 '점프' 시간이 되면 축제는 한창 무르익지요.

나그네쥐들은 왜 자신들이 절벽에서 뛰어내리는지
절대 생각하지 않아요.

그저 뛰어내릴 뿐이에요.

2

에미가
고민에 빠졌어요

이 나그네쥐의 이름은 에미예요.

에미는 다른 많은 나그네쥐들과 함께 절벽 가까이에 있는 고무나무 숲에서 자랐어요.

늘 기쁘고 행복한 나날이었어요.

그러나 다른 모든 나그네쥐들이 그렇듯, 에미도 커 갈수록 이상하게도 절벽 끝으로 이끌렸어요.

다른 나그네쥐들은 다가오는 '나그네쥐 점프 대축제' 때문에 흥분해서 신나게 떠들어 댔어요. 에미의 친구들 상당수도 올해 참가하려고 계획을 세우고 있었어요.

그러나 에미는 고민에 빠져 있었어요. 그러던 어느 날, 에미는 점프에 대해 친구들과 이야기해 보기로 결심했어요.

"우리는 왜 절벽에서 뛰어내리는 거지?"
에미가 친구들에게 물었어요.

"무슨 말이야, 왜냐니? 우리는 나그네쥐야.
그건 우리가 당연히 해야 하는 일이라고. 바보 같기는."
에미의 친구들이 대답했어요.

"그래. 근데 뛰어내리고 난 다음에는 어떻게 되는 건데?"
에미가 계속해서 물었습니다.

"뭔가 **좋은 일이 생겨**."

"어떤?"

"글쎄…… 우리는 아직 모르지."
친구들은 머뭇거리며 대답했어요.

"그럼 그게 좋은 일이라는 걸 어떻게 알아?"
에미는 친구들의 목소리에서 두려움이 배어 나오는 걸 느끼며
끈질기게 캐물었어요.

에미의 친구들은 일제히 입을 다물었어요.
마침내 한 친구가 대답했어요.
"좋은 게 틀림없어. 아무도 다시는 돌아오지 않잖아?"

친구들은 모두 그 말에 동의하며 안심했어요.
"그래, 맞아. 그러니까 이제 이상한 소리는 그만둬."

그러나 에미는 그 대답에 만족할 수 없었어요.
다음 날, 에미는 현명한 어른 나그네쥐들과 얘기해 보기 위해 찾아갔어요.

"안녕, 꼬마 아가씨. 무슨 일이니?"
어른 나그네쥐들이 물었어요.

"나그네쥐들이 왜 절벽에서 뛰어내리는지 알고 싶어서 왔어요."
에미가 대답했어요.

"왜라……, 너처럼 어린 꼬마가 정말 엄청난
질문을 하는구나. 절벽에서 뛰어내리는 데 무슨 문제라도 있니?"
어른 나그네쥐 중 하나가 안경 너머로 에미를 바라보며 물었어요.

"글쎄, 그런 것 같지는 않아요.
하지만 **우리가 왜 그렇게 하는지,
이유를 알면** 한결 좋을 것 같아요."
에미가 대답했어요.

어른 나그네쥐들은 고개를 끄덕이며 말했어요.
"바로 그런 문제를 해결하기 위해 우리는 비싼 돈을 주고 한스라는 상담가를 고용했단다. 인간 한스는 모든 나그네쥐의 목표를 밝히는 사명문 작성을 돕고 있지."

"안녕!"
한스는 히죽거리며 에미의 손을 잡고 힘차게 흔들어 댔어요.

어른 나그네쥐들은 에미에게 깔끔하게 글씨가 쓰여진 종이 한 장을 건네주며 말했어요.
"사실 우리는 방금 사명문을 완성했단다. 이거야.
네가 직접 읽어 보렴."

그 내용은 다음과 같아요.

나그네쥐의 사명

점프 실력 향상, 매일 털 다듬기, 친구들과 사이좋게 지내기, 단체 행동하기…… 등등 매일 꾸준히 노력하고 실천해서 자신의 가치를 높이는 것이 우리 나그네쥐의 목표다.
그러나 무엇보다 중요한 것은 '절벽 점프'다.

"그거야. 그게 바로 네 목표야. 그런 질문들에 대한 더 이상의 해답은 없을 거야."
한스는 낄낄대며 어른 나그네쥐들에게 청구서를 내밀었어요.

가여운 에미는 전보다 더 고민에 빠져 그곳을 떠났어요.

그날 밤, 에미는 절벽 끝으로 가, 그곳에 주저앉은 채 생각에 잠겼어요.
발밑으로는 끝없이 깊고 신비한 암흑이 펼쳐져 있었어요.

내가 뭔가 잘못된 걸까?

왜 난 다른 친구들처럼 절벽에서 뛰어내리는 것에 만족하지 못하는 걸까?

계속 질문을 해 대고 다른 뭔가를 원하는 내가 이상한 걸까?

대체, 내가 원하는 건 뭘까?

난 누굴까? 난 왜 여기에 있는 걸까?

에미는 아주 오랫동안 절벽 아래를 내려다보며 홀로 앉아 있었어요.

3

점프에 반대하는 나그네쥐들

며칠이 지났어요.
에미가 큰 고무나무 그늘에서 쉬고 있을 때
'쉿!' 하는 소리가 들렸어요.

에미가 주위를 둘러보며 말했어요.
"누구세요?"
에미의 뒤에 같은 또래의 나그네쥐 한 마리가 서 있었어요.

"안녕, 난 레니라고 해."
레니가 속삭였어요.

"아, 안녕, 만나서 반가워."
에미는 깜짝 놀라며 대답했어요.

"쉿! 크게 말하면 안 돼."
레니는 조심스럽게 주위를 둘러보며
말했어요.

"요점부터 말할게.
네가 이상한 질문들을 하고 다닌다는 얘기를 들었어.
그리고 네가 절벽에서 뛰어내리고 싶어 하지 않는다는 얘기도."

"잘 모르겠어. 난 내가 뭘 원하는지 알아내려고 노력 중이야."
에미가 대답했어요.

"너와 비슷한 생각을 하고 있는 다른 쥐들을 소개시켜 줄까?"

"나와 비슷한 생각을 하고 있는 쥐라고?"
에미는 반가워서 물었어요.

"그래, 절벽에서 뛰어내리기를 원치 않는 쥐들.
날 따라와 봐."

이렇게 말하고 레니는 숲 속으로 사라져 갔어요.
에미는 두근대는 가슴을 안고 곧 레니를 뒤따라갔어요.

레니는 에미를 땅속의 작은 구멍으로 데리고 들어갔어요.
짧은 지하 터널을 지나자 곧 작은 동굴이 나왔어요.
그곳에는 나그네쥐 일고여덟 마리가 둥그렇게 모여 앉아 있었어요.

"얘들아, 이 친구는 에미야."
레니가 소개했어요.

"안녕, 에미!"
모두가 한꺼번에 인사했어요.

맨 앞에 앉아 있던 나그네쥐가 말했어요.
"반가워. 난 플레밍이고, 우리는 '점결연'이라고 해.
'점프를 결사 반대하는 나그네쥐 연대'의 약자지.
너도 우리 모임에 참가하러 온 거니?"

"글쎄…… 잘 모르겠어. 이 모임의 목표가 뭔데?"
에미가 물었어요.

"우리의 목표? 우리는 절벽에서 뛰어내리는 걸 원치 않아."
플레밍이 대답했어요.

"그래, 너희들이 뭘 원하지 않는지는 알겠어.
그럼…… 너희들이 원하는 건 뭐지?"
에미가 조심스럽게 다시 물었어요.

"우리가 원하는 건…… 절벽에서 뛰어내리지 않는 거지."
플레밍은 조금 당황하며 대답했어요.

"그렇구나."

에미는 자신의 질문들이 무례하게 보일까 봐 걱정스러웠어요.

하지만 뭔가가 에미의 마음에 자꾸 걸렸어요.

이 모임의 존재 이유는 모두 부정적인 것 같았어요.

에미는 좀 더 긍정적인 목표는 없을까 생각해 보았어요.

숨을 깊이 들이쉬고 에미는 다시 물었어요.

"그럼, 너희들이 세상에 보탬을 주거나 만들고 싶은 건 뭐야?"

"우리가 만들고 싶은 건……
나그네쥐들이 더 이상 절벽에서 뛰어내리지 않는 사회지."
플레밍은 에미의 계속된 질문이 지겨운 듯 단호히 말했어요.
"자, 이제 그만 앉아. 우리는 이제 회의를 시작할 거야.
오늘 밤에 우리는 '나그네쥐 점프 대축제' 반대 시위 계획을 짜야 해."

에미는 레니 옆에 앉았어요.
에미는 좋은 친구들을 만나서 기쁘기는 했지만,
여전히 혼란스럽고 울적했어요.

에미가 보기에, 대부분의 나그네쥐들은 자신들이 왜 절벽에서 점프하는지, 왜 존재하는지, 삶에서 이루고 싶은 게 무엇인지 생각해 보지도 않은 채 그냥 뛰어내리는 것 같았어요.

그리고 이 모임의 쥐들은 단지 '그들이 원치 않는 것' 만을 생각하는 것 같았어요.

에미는 **두 가지 삶의 방식 중 뭐가 더 나쁜 건지** 알 수 없었어요.

그 순간 에미는 결심했어요.
장차 자신이 무엇이 되어야 하며,
어떤 일을 해야 하는지에 대해서
더 이상 다른 이들이 말해 주기를 바라지 않겠다고.

이제 모든 문제는 자기 혼자의 힘으로 해결해 가겠다고.

4

계곡 저편의 나무 한 그루

아주 화창한 가을날이었어요.
이런 날이면 나그네쥐들은 절벽에서 뛰어내리고 싶은 충동을
더욱 강하게 느꼈어요.

다른 친구들은 함께 모여 즐겁게 놀고 있었지만,
에미는 다시 혼자 절벽 끝에 걸터앉아 건너편을 바라보고 있었어요.

저 멀리 반대편 절벽 위로 커다란 나무 한 그루가 보였어요.
에미가 이제껏 봐 왔던 어떤 나무보다도 크고 울창했어요.

'저 너머에는 뭐가 있을까?'

에미는 궁금해했어요.

'초원 너머에는 어떤 세계가 있을까? 그곳에는 어떤 가능성이 있을까? 우리가 지금까지 전혀 보지 못했던 뭔가 새로운 가능성이 있지 않을까?'

"안녕, 에미."
에미는 누군가 뒤에서 부르는 소리를 듣고 돌아보았어요.

"안녕, 레니."
에미는 놀랍기도 하고 반갑기도 했어요.

"저번 모임 이후로 몇 주 동안 보지 못했지? 걱정했어."
레니가 말했어요.

"혼자 생각할 시간을 가졌어."
에미가 자신의 발을 내려다보며 대답했어요.

"나도 그래. 난 네가 모임에서 했던 질문들을 생각해 봤어.
우리의 목표는 무엇이고, 우리가 만들고 싶은 건 무엇인지 말이야."

"아, 친구들 앞에서 너를 당황스럽게 하려던 건 아니야."
에미는 시선을 돌리며 말했어요.

"아니, 좋은 질문이었어. 지금까지 어떤 나그네쥐도 생각 못했던
질문이었어. 옆에 앉아도 되니?"

"그럼."

레니는 에미 옆에 앉았어요.
둘은 함께 계곡 저편을 바라보았어요.

"에미?"
긴 침묵이 흐른 뒤, 레니가 입을 열었어요.

"응?"

"네 목표는 뭐니?"

에미는 잠시 생각한 뒤 대답했어요.

"그건 점프를 하는 것과는 관계가 없어. 점프를 하지 않는 것과도 관계가 없고."

에미는 다시 건너편에 있는 큰 나무를 쳐다보며 말을 이었어요.

"내 목표는 '질문하기'와 관련이 있는 것 같아. 이를테면 지금 우리가 살고 있는 좁은 초원 너머의 더 큰 세상을 바라볼 수 있게 하고, 새로운 존재 방식을 깨닫게 만드는 질문들을 하는 거지.
이유를 설명할 수는 없지만, 그게 지금의 내게는 중요해.
아마 그게 내 목표인 것 같아."

"나 자신을 더 잘 알수록 정말 원하는 게 무엇인지도 더 확실해질 거야. 그래서 나는 정말 하고 싶은 것이 무엇인지 스스로에게 묻고 있어. 내 말이 좀 이상하게 들릴 수도 있겠지만……."

"으음…… 그, 그렇구나."
레니는 머리가 좀 아파 왔어요.

"이런 질문들에 대한 답을 찾으려면 시간이 많이 걸릴 것 같아."
에미는 좀 미안한 듯 레니를 바라보며 말했어요.

레니는 깊은 생각에 잠겼어요.

"네가 모임에서 그런 질문들을 한 뒤로 내 목표를 생각해 봤어. 좀 우습게 들릴지도 모르지만, 난 다른 나그네쥐들에게 동기를 불어넣어 주는 강연가가 되고 싶어. 이런 것도 목표가 될 수 있을까?"
레니가 말했어요.

"모르겠어. 근데 왜 그런 강연가가 되고 싶은데?"
에미가 물었어요.

"다른 나그네쥐들이 절벽에서 뛰어내리는 것을 막고 싶으니까.
아마 그래서인 것 같아."

"그런데 그게 너한테 왜 그렇게 중요한데?"

레니는 묵묵히 앉아 있었어요.

이러한 대화는 레니가 이제까지 해 본 것 중 가장 힘든 것이었어요.
그러나 이런 문제를 이야기하면서, 레니는 뭔가 이상한 힘이
마음속에서 생기는 것을 느낄 수 있었어요.
레니는 말을 이었어요.
"그렇게 해서…… 우리 나그네쥐들이 얼마나 많이 서로 의지하고 있는지,
무리 안에서 어떻게 기쁨을 찾을 수 있는지 보여 주고 싶어."

에미와 레니는 놀라 서로를 쳐다보았어요.
서로에게 무엇을, 왜 원하는지 질문해 보는 것만으로도
자기 자신에 대해서 그토록 많이 배울 수 있다는 사실이
놀라웠어요.

에미는 다시 물었어요.
"좋아, 그럼 너에게 무리가 그렇게 중요한 이유는 뭔데?"

레니는 오랫동안 생각한 끝에 드디어 대답했어요.
"그 질문은 대답하기가 어려운걸. 그냥 그러길 원하니까
원한다고밖에는."

에미는 레니의 생각을 정리해 보았어요.
"결국 네 목표는 모든 나그네쥐들이 무리 안에서 기쁨을 찾도록 돕는 것과 관련이 있구나. 그 목표를 위해서 네가 할 수 있는 한 가지 방법이 좋은 강연가가 되는 거고."

"그래, 맞아."
레니가 대답했어요.

레니는 자신의 목표와 진심으로 하고 싶은 일이 관계가 있다는 사실을 깨닫고, 흐뭇한 미소를 지었어요.

그때 갑자기 레니는 점프 반대 모임을 떠나야 한다는 사실을 깨달았어요.
그제야 그 모임의 목표가 진정 자신이 원하던 게 아니라는
사실이 명확해졌던 거예요. 레니는 전에는 한 번도 이러한 문제를 생각해
보지 않았다는 사실에 놀라며 말했어요.

"그래, 이거야말로 정말 생각해 내기 힘든 문제야. 대부분의 나그네쥐들이 절벽에서 뛰어내리는 것도 당연해. 그게 자기 자신을 이해하려 하는 것보다는 훨씬 쉬우니까."

에미와 레니는 다시 조용히 생각에 잠겼어요.

에미는 멀리 반대편 절벽에 있는 큰 나무를 다시 바라보았어요.
그리고 자신의 목표에 대해서 다시 한 번 생각해 보았어요.
더 큰 세계를 열어 줄 질문을 던져라,
새로운 삶의 방식을 찾아라……

그때 갑자기 에미에게 새로운 질문 하나가 떠올랐어요.
"레니, 저기 맞은편은 어떤 곳일 것 같니?"

레니는 어깨를 으쓱해 보였어요.

바로 그때 에미는 자신이 무엇을 해야 하는지 깨달았어요.

5

나그네쥐 점프 대축제

며칠이 지났어요.

에미는 열심히 일하고 있었어요.

"여기 있었구나, 에미. 모두들 너에 대해 묻고 있어.
내일이 점프 축제잖아."
레니가 말했어요.

"나도 알아. 그동안 쭉 일하고 있었어."
에미가 대답했어요.

"일이라고? 그냥 돌에다 나무 그림을 그려 놓은 것 같은데?"

"그냥 나무가 아니야. 집중하기 위해 그려 놓은 거야."

"그리고 고무나무 잎도 엮고?"

"응, 그래."

레니는 뭐라 해야 좋을지 몰라 더듬거리며 말했어요.
"올해는 엘비스 프레슬리 흉내 내기 경쟁이 꽤 치열할 거래……."

"잘됐구나. 고무나무 잎 더 모으는 걸 도와주겠니?"
에미는 일에서 눈을 떼지 않으며 말했어요.

레니는 순순히 고무나무 잎 줍는 일을 시작했어요.

일을 하면서 레니는 이따금씩 에미를 슬쩍 쳐다보았어요.

'어떤 것도 에미를 멈추게 할 수 없을 거야. 아마도 저것이 자신이 정말 뭘 원하는지를 깨달은 아이의 모습일 거야.

우리 나그네쥐들 모두가 자신의 목표를 알고, 자신이 창조하고 싶은 게 뭔지를 깨닫는다면, 함께 정말 많은 일들을 해낼 수 있을 텐데.'

그날 밤, 레니는 에미가 고무나무 잎을 엮는 것을 도와주었어요.
둘은 각자 자신만의 생각에 깊이 빠져 해가 질 때까지 조용히 일했어요.

아침이 밝고, 드디어 점프 축제가 시작되었어요.

해가 높이 솟자, 초원에 활력이 넘쳐 나기 시작했어요.

"나그네쥐 점프 대축제에 오신 것을 환영합니다!"
한 나이 지긋한 어른 나그네쥐가 확성기에 대고 크게 말했어요.

"나는 백조처럼 뛰어내릴 거야."
나그네쥐 한 마리가 말했어요.

"나는 대포알처럼 빨리 뛰어내릴 거야."
또 다른 나그네쥐가 웃으며 말했어요.

"대단한 팀워크군!"
한스는 식탁에 앉아 바비큐를 게걸스레 먹어 대며 낄낄댔어요.

"악! 악!"
엘비스 변장을 한 쥐들이 빙글빙글 돌며 스카프와 과자를 절벽 아래로 던지고 춤을 추자, 나그네쥐들은 비명을 지르며 좋아했어요.

"점프 결사 반대! 점프 결사 반대!"
많은 나그네쥐들 사이 한구석에서 점결연 멤버들이 구호를 외쳐 댔어요.

에미도 행동할 시간이 되었어요.

레니는 고무나무 잎으로 엮은 팽팽한 줄을 새총처럼 생긴 나무에다 묶었어요. 그리고 나서 줄을 에미의 허리에 걸치게 도와주었어요.

그리고 또 다른 고무줄로 에미와 등 뒤의 그루터기를
한데 묶었어요.
이제 에미는 자신을 고정시켜 주는 뒤쪽 고무줄을 갉아 끊기만
하면 돼요. 그러면 협곡 위를 높이 날아 맞은편 미지의 더 큰
세계로 갈 수 있었어요.

레니는 에미를 껴안으며 말했어요.
"행운을 빌게."

그 순간 레니는 이제 에미와 헤어져야 한다는 사실을 깨닫고
슬퍼졌어요.
에미가 그리울 거예요.

에미는 드디어 줄을 갉아 끊기 시작했어요.

그러나 그때 에미 자신도 상상하지 못했던 감정이 불현듯 일었어요.

바로 망설임이었지요.

에미는 뒤를 돌아보았어요.

거기에는 자신이 이제껏 자라 온 아름답고 푸른 초원이 있었어요.
그리고 눈물로 뺨 주위 털이 다 젖어 버린 레니가 있었어요.

다시 에미는 앞쪽을 쳐다보았어요.

절벽의 뾰족한 끝과 깊고 넓은 협곡, 그리고 맞은편의 그 나무가 보였어요.

에미는 너무 두려워 온몸이 얼어붙었어요.

허리를 감싼 고무줄은 두려울 정도로 팽팽했어요.
한쪽 줄은 에미가 꿈꾸던 불확실한 세계로 자신을 날려 보낼 것이고, 다른 쪽 줄은 안전하고 편안하게 머물게 할 거예요.

에미는 갑자기 울음을 터트렸어요. 에미는 울면서 말했어요.
"못 하겠어, 정말 못 하겠어."

에미는 아주 오랫동안 결정을 못한 채 거기 그렇게 매달려 있었어요.
거의 숨조차 쉴 수 없을 정도였어요.

"왜 모든 일이 이렇게 어려울까? 원하는 것에 가까이 다가갈 때마다, 갑자기 그걸 가질 수 없다는 생각이 드는 건 왜일까?"
에미는 절망감을 느끼며 레니에게 말했어요.

"그런 감정은 그냥 무시해 버려. 그런 감정이 모든 걸 망치는 거야."
레니가 에미를 격려해 주었어요.

"아니야. 내 감정을 속일 수는 없어.
그러면 점프 반대 모임의 쥐들과 다를 게 없어."

이런 생각을 하면서 에미는 간절한 바람이 조금 더 커지는 것을 느꼈어요.

"점프 결사 반대! 점프 결사 반대!"
점결연 멤버들의 구호 소리가 들려왔어요.

"자, 이제 모두 출발선에 서시고…… 준비…… 출발!"
출발 신호총을 쏨과 동시에, 어른 나그네쥐들이 외쳤어요.

"우아!"
나그네쥐들은 환호성을 질러 대며 절벽 끝으로 달려갔어요.

"나도 해 보고 싶어!"
한스는 신이 나 낄낄대며 절벽 끝으로 달려가 점프를 해 버렸어요.

점결연 멤버 중에서도 몇몇은 더 이상 유혹을 참지 못하고
절벽을 향한 이 이상한 대열에 끼었어요.

"에미, 이제 선택해야 해."
레니가 에미에게 속삭였어요.

에미는 숨을 깊게 들이쉬고, 자신이 정말 원하는 것들을
생각하기 시작했어요.

에미는 맞은편의 그 나무를 쳐다보았어요.

그리고 레니를 보았어요.

그런 다음 마침내 에미는 줄을 끊었어요.

협곡 위로 날아오른 에미는 온몸으로 세찬 바람을 느꼈어요.
에미는 맞은편 나무의 부드럽고 잎이 많은 가지를 향해 팔과 다리를 곧게 폈어요.

그때 에미는 아래를 내려다보았어요.

협곡 아래에는 날카로운 바위가 있었어요.
"안 돼!"
절벽에서 뛰어내리는 나그네쥐들이 처할 운명을 본 에미는 숨을 헐떡이며 외쳤어요. 그렇게 머뭇거리는 사이 코스를 벗어날 것만 같았어요.

'아래를 내려다보면 안 돼. 저 나무만 바라보자!'
에미는 스스로를 타이르면서, 시선을 무시무시한 절벽 아래에서 앞쪽의 나무로 옮겼어요.

에미는 고개를 들고 팔과 다리를 곧게 쫙 폈어요. 그리고 목표 지점을 향해서 바람을 탔어요.

'휙' 소리와 함께 드디어 에미는 나뭇잎이 무성한 가지에 안전하게 도착했어요.

에미는 눈을 감은 채 거기 가만히 누워 있었어요.
에미는 주위를 둘러볼 필요조차 느끼지 못했어요.

……왜냐하면 신기하게도, 에미가 상상했던 것보다
세상은 이미 훨씬 크고, 더 많은 가능성으로 가득 차 있다고
느껴졌기 때문이에요.

이야기를 끝내며

에미의 협곡을 가로지른 전설적인 비행 이후 초원은 모든 것이 바뀌었어요.

레니는 강연가가 되었어요. 다른 나그네쥐들에게 그들의 무리가 얼마나 소중한지를 보여 주고, 나그네쥐 각자가 무리를 위해 할 수 있는 특별한 일을 발견하도록 격려했지요.

레니의 가르침에 힘입어, 플레밍은 자신의 목표를 깨달았어요.
바로 다른 나그네쥐들이 다른 세계를 탐험할 수 있도록 돕는 일이었지요.

플레밍은 점결연을 해체하고, 나그네쥐 항공사를 세웠어요.
바로 에미가 발명한 고무총을 이용해 많은 나그네쥐를 한꺼번에 한쪽 절벽에서 다른 쪽 절벽으로 데려다 주는 운송사였어요.

이 여행에 참가하는 나그네쥐들은 갈수록 더 많아졌어요.
몇몇은 새로운 세계에서 발견한 좋은 음식과 다양한 물건들을 가지고 돌아왔어요. 이것은 나그네쥐 사회에서 물물교환이 활발해지는 계기가 되었어요.

어른 나그네쥐들은 점프 대회 폐지를 반대했어요. 절벽 점프가 소중한 전통이며 무리의 정체성이라고 주장했어요. 그래서 해마다 많은 나그네쥐들이 목숨을 건 절벽 점프를 계속했어요.

그러나 레니의 강연으로 점점 더 많은 나그네쥐들이 '왜'라는 질문을 하며, 삶의 의미를 깊이 생각하기 시작했어요.

한편 그 운명의 날,
절벽 점프를 감행했던 상담가
한스는 어떻게 되었을까요?
한스는 심한 뇌진탕으로 뇌의 한 부분을
영원히 쓸 수 없게 되었어요.
하지만 지금은 부지런한 일꾼으로 바뀌어,
바닷가 마을에서 스쿠버다이빙
여행 보트를 운전하고 있어요.

그리고 에미는
여전히 질문을 계속하지요…….

……그리고 매일 매일
더 큰 세계와 새로운 존재 방식을 발견해요.

끝

# 〈어느 나그네쥐 이야기〉 철학적으로 읽기

철학 박사 박영욱

★ '어느 나그네쥐 이야기'는 무엇을 말하려는 걸까요?

어떤 책이든지 읽는 사람에 따라서 느끼는 주제나 관심이 다를 수 있어요. 너무나 유명한 백설공주 이야기만 하더라도 그렇지요. 아름다움에 관심이 많은 어린이라면 공주의 아름다움에 초점을 맞춰 이야기를 읽을 거예요. 도덕심이 강하고 감성이 풍부한 어린이라면 심술궂은 왕비의 비참한 결말과 착한 백설공주의 행복한 결말에 초점을 맞춰 읽겠죠. 또 신비한 이야기를 좋아하는 어린이라면 세상에서 누가 제일 예쁜지를 말해 주는 요술 거울에게 관심을 가질 테죠. 혹은 백설공주와 왕자의 애틋하고 아름다운 사랑 이야기에 가장 감동을 받는 어린이도 있을 테고요.

한 가지 이야기라도 어떤 부분을 관심 있게 보는지에 따라서 이렇게 다양하게 느낄 수 있어요. 같은 이야기라도 다른 각도에서 보면, 그 이야기가 전달하고자 하는 주제가 다르게 보이기 때문이지요.

하지만 보는 사람의 시각에 따라서 이야기의 주제가 비록 다르게 읽힐지라도 대부분의 이야기 속에는 어떤 주제보다도 더 핵심이 되는 주제가 있어요. 이야기를 신중하게 읽은 사람이라면 핵심 주제를 알아차리기가 결코 힘들지는 않을 거예요.

★과연 '어느 나그네쥐 이야기'의 핵심 주제는 무엇일까요?

1) 에미의 용기

먼저 생각해 볼 수 있는 것은 에미의 용기예요. 다른 나그네쥐들이 반대편 언덕으로 넘어갈 생각을 전혀 하지 못한 반면, 나그네쥐는 용감하게 반대편 언덕으로 넘어갈 생각을 했죠. 그리고 실제로 새총의 원리를 이용하여 반대편 언덕으로 날아갔어요.

정말 용기 있는 행동이지요? 분명 에미는 용감합니다. 그러나 에미가 용감한 것은 틀림없지만 꼭 에미만 용감하다고 말할 수는 없겠는걸요. 엄청나게 높은 절벽에서 신나게 뛰어내리는 다른 나그네쥐들도 용감하다고 할 수 있지 않을까요? 여러분들이 아주 높은 곳에서 번지 점프를 한다고 상상해 보세요. 30층 건물보다 높은 곳에서 막상 뛰어내리려면 다리가 후들거릴 거예요. 점프 대회에 참가한 나그네쥐들이 용감하지 않고서야 어떻게 그처럼 높은 절벽에서 뛰어내릴 수 있겠어요?

이렇게 보자면 이 이야기의 핵심이 에미의 용기에 있는 것은 아닌 듯하네요.

2) 에미의 지혜

그렇다면 다르게 생각해 보죠. 이 이야기의 핵심은 에미의 지혜가 아닐까요? 에미가 반대편 언덕으로 넘어갈 결심을 한 것이 중요한 사실이 아니라, 거기에 도달하기 위해서 짜낸 지혜야말로 핵심 주제로 보여요. 감히 누가 나무에 고무줄을 매달아 몸을 날릴 생각을 할 수 있을까요? 이렇게 보면 이 일은 에미의 지혜가 아니고서는 불가능했을 테지요. 누구든지 지혜롭게 머리를 써야 발전한다는 것이 주제 같네요.

하지만 과연 그럴까요? 다른 나그네쥐들은 전혀 지혜롭지 않았나요? 어른 나그네쥐들은 점프를 하는 목표를 밝히는 사명문을 만들기 위해서 한스라는 전문 상담가를 고용해요. 자신들의 목적을 위해서 전문가에게 의뢰하는 것 또한 지혜로운 일이지요. 게다가 자신들이 하는 행동에 정당성과 사명감을 부여하는 것도 참으로 지혜롭지요.

그러고 보니 에미만 지혜롭다고 할 수는 없는 노릇이군요. 분명 이 이야기는 에미와 다른 나그네쥐와의 다른 점에서 주제를 찾을 수 있을 것 같네요. 과연 에미가 다른 나그네쥐와 다른 점이 무엇일까요?

3) 에미의 다른 점 - '남들을 무작정 따라 하지 않는 것'

다른 나그네쥐들이 일제히 절벽 아래로 점프하는데 반해서 에미는 점프를 반대하는 것이 다른 점일까요? 다른 나그네쥐들은 때가 되면 모두 점프하고 싶어서 안달이군요. 하지만 에미만은 유독 점프를 싫어해요. 에미는 이유도 모른 채 남들을 그대로 따라 하지는 않지요. 이것이 바로 에미가 다른 나그네쥐와 구분되는 가장 중요한 특징이 아닐까요?

이야기를 꼼꼼히 읽은 어린이라면 금방 생각해 냈을 거예요. 나그네쥐들이 점프하는 것을 따르지 않는 것이 에미만은 아니죠. 에미는 레니를 통해서 '점결연' 회원들을 만나지요. 이들은 말 그대로 점프를 결사적으로 반대하는 나그네쥐들이에요. 그러니 에미 혼자만 남들이 하는 대로 따라 하지 않은 것은 아니에요.

휴, 핵심 주제를 찾는 일은 점점 더 복잡하고 어려워지는군요. 도대체 에미가 다른 나그네쥐와 구분되는 점이 뭘까요?

4) '왜?' 라는 물음

지금까지 너무 여러 각도에서 생각하다 보니 머리가 지끈지끈 아프죠? 하지만 지금까지 펼친 생각이 전혀 잘못되었거나 쓸모없는 것은 아니에요. 지금까지 전개한 생각들을 한 단계만 더 발전시키면 핵심 주제에 다다르게 된답니다.

자, 마지막으로 한 번만 더 차분하게 생각해 보세요. 점결연 회원들도 에미와 마찬가지로 점프를 결사적으로 반대하고 대다수의 나그네쥐들이 하는 행동을 따르지 않아요. 그렇지만 에미와 점결연 회원들은 서로 분명히 다르네요. 점결연 회원들은 자신들이 왜 점프를 반대해야 하는지 몰라요. 뿐만 아니라 그 이유조차 아예 묻지 않아요. 결국 점결연들은 자신들이 반대하는 대다수의 나그네쥐와 똑같아요.

어떤 점에서 그럴까요? 대다수의 나그네쥐들이 이유도 모른 채 점프를 하듯

이 점결연 회원들도 자신들이 점프를 왜 반대해야 하는지 모르니까요. 그들은 그냥 반대할 뿐이에요. 그러다보니 막상 점프 대축제가 열리니까 상당수의 '점결연' 회원들도 물속으로 뛰어들게 되는 거예요.

에미 역시 순간적으로는 흔들리지만 자신이 '왜 점프를 하지 말아야 하는지?' 혹은 '왜 반대편으로 건너가야 하는지?'를 질문하면서 점프의 유혹에서 벗어나 새로운 세상을 찾아나간답니다.

이 이야기의 핵심 주제는 바로 '왜?'라는 질문을 던지는 것이 얼마나 중요한가를 가르쳐 주는 거예요. 이로부터 많은 철학적인 문제가 따라 나온답니다.

★골치 아픈 생각은 왜 해야 할까요?

나그네쥐들은 매년 '나그네쥐 점프 대축제'를 개최해요. 대망의 축제가 시작되면 수많은 나그네쥐들이 절벽에서 뛰어내려 바다로 빠져 들어요. 어느 누구도 왜 뛰어내리는지는 묻지도 않고 생각하려 들지도 않아요. 또 바다로 빠져 들면 어떻게 되는지도 전혀 궁금해하지 않습니다. 그런 생각들은 축제의 흥을 깰 뿐 아무런 도움이 되지 않으니까요. 나그네쥐들은 그저 신나는 일에 자신의 몸을 맡길 뿐이지요.

그렇죠. 생각하는 일은 골치 아프고 짜증이 납니다. 어려운 수학 문제를 풀 때 아주 짜증이 나지요? 답을 구하는 것도 힘들지만 어떻게 해서 그런 답이 나오는지 아주 많은 생각을 해야 하니까요. '수학이 없으면 얼마나 좋을까?'라는 생각을 안 해 본 사람은 거의 없을 거예요.

나그네쥐들은 왜 자신들이 절벽에서 뛰어내리는지 절대 생각하지 않아요. 그냥 뛰어내릴 뿐이에요. 이처럼 이유는 전혀 모른 채 다른 사람의 행동을 무작정 따라 하는 현상을 '레밍스 증후군'이라고 해요. 하지만 이 이야기의 주인공 에미가 보통의 나그네쥐와 다른 점은 바로 '왜?'라는 생각을 하는 것이죠.

자, 그렇다면 이제 '왜?'라는 생각을 하는 게 왜 그렇게 중요한지 한번 생각해 볼까요? 다들 영국의 과학자 뉴턴(Isaac Newton, 1642~1727년)을 잘 알 거예요. 뉴턴은 '만유인력의 법칙'이라는 엄청난 과학적 발명을 이룩한 위대한 과학자이지요. 뉴턴이 만유인력의 법칙을 발명하게 된 일화는 아주 유명해요.

어느 날, 뉴턴은 사과나무에서 사과가 땅바닥으로 떨어지는 것을 목격하게 되었어요. 물론 그 이전에도 사과나무에서 사과가 떨어지는 것을 흔히 보았을 테지요. 그런데 갑자기 뉴턴의 머릿속에는 이런 질문이 떠오른 거예요.

"왜 사과나무에서 사과가 땅바닥으로 떨어질까?"

다른 사람이라면 이런 생각을 하지 않았을 거예요. 공중에 있는 물체가 땅으로 떨어지는 것은 너무나도 당연한 일일 테니까요. 그런데 뉴턴은 바로 이렇게 너무나도 당연한 일에 대해서 '왜?'라는 질문을 던졌어요. 그리고 그 결과는 만유인력의 법칙 발견이라는 엄청난 과학적 성과로 이어져요.

지구에 작용하는 '중력'이라는 힘을 몰랐다면, 대포에서 발사된 탄알이 포물선을 그리며 어느 위치에 떨어질지 정확하게 예측할 수 없었을 거예요. 어쩌면 지구의 중력을 거스르면서 하늘을 활공하는 비행기도 발명할 수 없었을 테지요.

사과나무에서 사과가 떨어지는 것을 본 사람은 비단 뉴턴 만은 아니에요. 우리들 또한 사과나 낙엽이 떨어지는 것을 보기도 하며, 힘껏 공중으로 찬 공이 다시 땅으로 떨어지는 것을 매일매일 봅니다. 하지만 뉴턴처럼 '왜?'라고 질문하는 사람은 많지 않아요. 깊이 생각하는 일은 골치가 아프니까요.

하지만 에미는 바로 뉴턴처럼 '왜?'라는 질문을 해요. 에미는 다른 나그네쥐들과 어울리지 못하는 희생을 치르면서까지 생각에 몰두해요. 과연 이렇게 '왜?'라는 생각을 해서 에미가 얻은 보상은 무엇일까요?

그것이 무엇인지는 이 이야기의 끝에 잘 나타나 있어요. 여러분들도 스스로 한번 찾아보세요.

잠시 쉬어 가기

　인간의 생각하는 능력이 얼마나 중요한가를 알기 위해서 꿀벌과 인간을 비교해 볼까요. 꿀벌은 아주 신비한 곤충이에요. 꿀벌은 꿀을 저장하기 위해서 집을 지어요. 그런데 꿀벌의 집 짓는 능력이 어찌나 뛰어난지 도무지 어떤 탁월한 건축가도 꿀벌처럼 완벽하게 벌집을 만들지는 못해요. 그런데 이렇게 타고난 건축가인 꿀벌보다 인간이 더 위대합니다.

　왜일까요? 꿀벌은 아무 생각 없이 그저 본능적으로 벌집을 지어요. 물고기가 헤엄을 치고 기러기가 하늘을 날 수 있듯이, 꿀벌은 벌집을 지을 수 있는 거예요. 결코 꿀벌은 자기가 짓는 벌집의 설계도를 머릿속에 그려 볼 수는 없어요. 하지만 인간은 아무리 허술한 집을 짓더라도 머릿속에 어떤 집을 지을지 먼저 그려 볼 수 있어요. 바로 이런 점이 꿀벌보다 사람이 위대한 이유예요. 생각을 하는 것은 어쩌면 우리 인간들에게만 주어진 최대의 축복일지도 모르겠군요.

★답이 아닌 더 큰 물음

"유레카! 유레카!"

이 소리는 아주 먼 옛날 고대 그리스의 유명한 과학자 아르키메데스(Archimedes, 기원전 287~212년)가 끙끙 앓을 정도로 고민하던 문제의 답을 풀었을 때 외친 말이에요. 우리말로 하자면 "알아냈어! 알아냈어!"라는 뜻이에요. 이 '유레카!'라는 외침은 오늘날 아주 유명한 말이 되어 버렸어요.

생각해 보세요. 며칠 밤낮 동안 한숨도 못 자고 골똘히 생각하던 문제의 답을 어느 순간 발견했을 때 어떤 기분이었을까요? 마치 금광을 발견한 광부나 보물섬을 발견한 탐험가에 못지않게 짜릿했을 테죠. 정말이지 수학 올림피아드에서 내로라하는 수학 천재들도 못 풀 문제의 답을 찾아냈으니 그보다 더 감격스러운 일이 어디 있을까요?

그런데 이게 웬일일까요? 이 이야기에서 에미 또한 '왜?'라는 질문을 통해서 답을 구했나요? 만약 답을 구했다면 답이 이야기 어딘가에 적혀 있을 텐데, 과연 답은 무엇일까요? 실망스럽게도 에미의 물음에 대한 직접적인 답은 이 책 어디에도 없어요. 도대체 이렇게 답도 없는 물음이 에미에게는 무슨 의미가 있을까요?

바로 그거예요. 에미가 얻은 것은 답이 아니지요. 에미는 '왜?'라는 생각을 통해서 답이 아닌 더 큰 물음을 던지는 법을 배웠던 거예요. 에미가 점결연 친구들을 만난 뒤 실망해서 레니와 대화를 나누던 장면을 떠올려 보세요. 에미는 나그네쥐들이 왜 점프를 하는지를 여전히 알 수 없었어요. 그러던 어느 화창한 가을날, 에미는 낙담한 표정으로 레니와 대화를 나누어요. 절벽 저 건너편에 있는 나무 한 그루를 물끄러미 바라보면서요.

바로 그때 에미에게 또 다른 질문이 떠올라요.

"절벽 건너 저곳에는 무엇이 있을까? 저 너머 펼쳐진 세계는 어떤 세계일까?"

에미는 이전에는 한 번도 던진 적이 없는 새로운 질문을 해요. 그러고는 절벽 건너 새로운 세계로 나가고 싶다는 생각을 갖게 되어요. 바로 이것이 에미에게 주어진 보상이에요. 에미는 질문에 대한 답을 얻지는 못했지만 목표가 생긴 거예요. 그것은 이제껏 한 번도 경험하지 못한 새로운 세계로 나아가고자 하는 바람이에요. 에미가 "나그네쥐들은 왜 점프를 할까?"라는 질문을 던지지 않았다면, 결코 이러한 바람도 생기지 않았을 거예요. 에미에게 '왜?'라는 생각은 새로운 세계를 경험할 수 있는 가능성을 심어 준 거예요.

★레니의 역할 읽기

스위스의 한 광장에 당시 스위스를 점령한 오스트리아 성주의 모자가 걸려 있었어요. 성주는 그곳을 지나는 사람들은 모자에 인사를 해야 한다는 명령을 내렸어요. 윌리엄 텔은 모자에 인사를 하지 않은 죄로 감옥에 갇히고 말았어요. 성주는 윌리엄 텔의 활 쏘는 솜씨가 뛰어난 것을 알고 무서운 주문을 하지요.

"네 아들의 머리 위에 사과를 올려놓고 활로 쏘아 맞히면 풀어 주마."

윌리엄 텔은 어쩔 수 없이 아들의 머리 위에 사과를 올려놓고 활을 쏘았어요. 화살은 정확하게 사과를 관통했어요. 윌리엄 텔은 어떻게 사과를 명중시킬 수 있었을까요?

물론 그의 뛰어난 활 솜씨 때문이에요. 하지만 아무리 활 솜씨가 뛰어나더라도 자신의 사소한 실수로 사랑하는 아들을 잃을 수 있는 상황에서 떨리지 않았을까요? 하지만 활을 쏘는 순간 오로지 목표에만 집중했기 때문에 평소의 실력대로 사과를 맞출 수 있었던 거예요.

이 이야기의 주인공 에미 또한 윌리엄 텔처럼 두려운 순간을 맞이합니다. 에미는 새총 모양의 고무줄에 자신을 매달고 절벽 반대편으로 몸을 날리려 합니다. 그런데 정작 결정적인 순간에 전혀 상상하지 못했던 감정을 느껴요. 바로 두려움과 망설임이에요.

에미는 두려움과 망설임으로 줄을 끊지 못해요. 이때 옆에 있던 레니가 말해요. "그런 감정은 그냥 무시해 버려. 그런 감정이 모든 걸 망쳐 버리는 거야."

에미는 레니의 격려에 주저 없이 고무줄을 끊고 몸을 날려요. 이제 에미는 아무도 맛보지 못했던 새로운 세상을 경험하게 되어요.

이 경험은 레니도 변화시켜요. 에미가 자신의 목표를 향해서 날아가도록 격려하는 순간, 이와 더불어 레니도 자신의 목표가 무엇인지를 깨닫게 되지요.

예전에 고대 그리스 사람들은 '덕'을 어떤 것의 능력을 가장 잘 발휘할 수 있는 것이라고 생각했어요. 예를 들어 형광등의 덕은 환하게 비추는 것이고, 칼의 덕은 물건을 잘 베는 것이죠.

사람들에게는 누구나 자신만이 가진 덕이 있을 거예요. 올림픽 종목에서 금메달을 딴 선수는 자신에게 주어진 덕을 최대한 발휘한 사람이에요. 그가 자신의 능력을 무시하고 전혀 다른 분야에서 활동했다면 그 분야의 최고가 될 수 없었을 거예요.

우리도 레니와 에미처럼 진정 자신이 원하는 것이 무엇인지를 깨달아야겠지요?

이 책을 쓴 데이비드 허친스는 학습과 변화의 중요성을 강조한 시리즈를 썼어요. 이 시리즈는 재미있는 삽화와 은유적인 이야기를 통해 내용을 쉽고 명쾌하게 설명해 주어 전 세계 여러 언어로 번역되기도 했어요. 쓴 책으로는 《레밍 딜레마》, 《늑대 뛰어넘기》, 《네안데르탈인의 그림자》, 《펭귄의 계약》, 《화산의 소리를 들어라》 등이 있어요.

이 책을 그린 바비 곰버트는 정치를 풍자한 만화로 여러 차례 상을 받은 전문 일러스트레이터예요. 귀엽고 유머 넘치는 삽화로 이 책의 내용을 더욱 재미있게 빛내 주었어요.

이 책에 해설을 쓴 박영욱 선생님은 고려대학교 대학원에서 철학 박사 학위를 받고, 고려대학교에서 철학을 가르치고 있어요. 이 책에 해설을 담아 동화의 철학적인 의미를 쉽게 풀어 주고 있어요. 쓴 책으로는 《철학으로 매트릭스 읽기》, 《체 게바라》 등이 있어요.

이 책을 옮긴 김철인 선생님은 서울에서 태어나 고려대 영문과 및 동대학원을 졸업하고, 지금은 전문 번역가로 활동 중이에요. 옮긴 책으로는 《레밍 딜레마》, 《늑대 뛰어넘기》가 있어요.

어느 나그네쥐 이야기

초판 1쇄 발행 2007년 9월 3일
초판 3쇄 발행 2013년 9월 23일

지은이 데이비드 허친스
그린이 바비 곰버트

해설 박영욱
옮긴이 김철인

펴낸곳 바다출판사
펴낸이 김인호
주소 서울시 마포구 서교동 401-1 신현빌딩 5층
전화 322-3885(편집부), 322-3575(마케팅부)
팩스 322-3858
E-mail | badabooks@gmail.com
출판등록일 1996년 5월 8일
등록번호 제10-1288호
ISBN 978-89-5561-398-8 73100
ISBN 978-89-5561-397-1 73100(세트)

*이 책은 《레밍 딜레마(The Lemming Dilemma)》를 어린이용으로 새롭게 편집한 것입니다.